92127679R00057

Made in the USA
Lexington, KY
29 June 2018